지은이 박윤규

지리산이 보이는 경남 산청에서 태어나, 중앙대학교에서 문예 창작을 공부했어요. 2012년 장편 동화 《주문을 외자, 아르케옵테릭스!》로 한국아동문학상을 받았습니다. 어린이에게 역사의 뿌리와 사람의 근원을 찾아가는 이야기를 들려주고자 열심히 어린이 책을 쓰고 있답니다. 《나운규의 아리랑》《안녕, 태극기!》《고마워, 한글》《지켜라, 조선왕조실록》《버들붕어 하킴》《내 이름엔 별이 있다》《산왕 부루》《방울새는 울지 않는다》《신기한 사과나무》 외 많은 어린이 책을 썼어요.

그린이 백대승

대학에서 만화 예술학을 공부했어요. 극장용 애니메이션 〈왕후 심청〉의 아트 디렉터로 일하기도 했답니다. 지금은 그림책과 동화책에 그림을 그리며 꾸준히 작품 활동을 하고 있어요. 《서찰을 전하는 아이》《나는 비단길로 간다》《우리 집에 온 마고할미》《안녕, 태극기!》《고마워, 한글》 외 많은 어린이 책에 그림을 그렸어요.

우리글 그림책 06
선사 시대의 타임캡슐, 고인돌

첫판 1쇄 펴낸날 2020년 2월 3일 | **3쇄 펴낸날** 2021년 11월 30일 | **지은이** 박윤규 | **그린이** 백대승 | **발행인** 김혜경 | **편집인** 김수진 | **주니어 본부장** 박창희 | **편집** 길유진 진원지 강정윤 | **디자인** 전윤정 정진희 | **마케팅** 이상민 | **경영지원국** 안정숙 | **회계** 임옥희 양여진 김주연 | **인쇄** 영신사 | **제본** 에이치아이문화사 | **펴낸곳** (주)도서출판 푸른숲 | **출판등록** 2003년 12월 17일 제2003-000032호 | **주소** 경기도 파주시 심학산로 10, 우편번호 10881 | **전화** 031)955-9010 | **팩스** 031)955-9009 | **홈페이지** www.prunsoop.co.kr | **이메일** psoopjr@prunsoop.co.kr | Text copyright©박윤규, 2020 Illustrations copyright©백대승, 2020 | ISBN 979-11-5675-260-8 (77810)

잘못된 책은 구입하신 서점에서 바꾸어 드립니다. 본서의 반품 기한은 2026년 11월 30일까지입니다.
KC 마크는 이 제품이 공통안전기준에 적합하였음을 의미합니다. 던지거나 떨어뜨려 다치지 않도록 주의하세요.

선사 시대의 타임캡슐
고인돌

박윤규 글 | 백대승 그림

푸른숲주니어

"마고 할머니, 우리 할아버지 병을 고쳐 주세요."
푸르메는 집보다도 큰 핑매바위 앞에서 기도했어요.
핑매바위는 세상을 만든 마고 할머니가
산봉우리에 올리려고 들고 가다가 너무 무거워서
산마루 바로 아래에 핑 내던진 바위인데,
보름달이 떠오를 때 그 바위에 소원을 빌면
꼭 이루어진다고 했거든요.

"푸르메야, 너무 애쓰지 마라.
할애비는 하늘로 돌아갈 때가 되어서 아픈 거니까."
푸르메는 할아버지가 돌아가실까 봐 겁이 났어요.
"안 돼요. 큰 소원이 이루어질 때까지는 꼭 사셔야 해요."
산꼭마을 제사장인 할아버지의 큰 소원은
핑매바위를 옮겨서 고인돌을 만드는 것이었어요.
그런데 핑매바위가 너무너무 크고 무거워서
산꼭마을 사람들만의 힘으로는 어림없는 일이었지요.

푸르메는 산에서 내려간 다음, 들판을 지나 강가로 갔어요.
가람마을 사람들이 곳곳에서 물고기를 잡고 있었지요.
푸르메는 수풀에 몸을 숨긴 채 활을 들고 물속을 노려보았어요.
산꼭마을과 가람마을은 얼마 전에 전쟁을 치른 터여서
도둑 사냥을 하다가 들키면 벌을 받고 배상을 해야 되거든요.
잠시 후, 누런 메기가 튀어오르자 푸르메는 잽싸게 활을 쏘았어요.
"첨버덩!"

푸르메가 몸을 날려 메기를 잡고 천천히 일어서는데,
날카로운 창 끝이 목덜미로 쓱 파고들었어요.
"꼼짝 마라. 활을 든 걸 보니 산꼭마을 녀석이구나?"
목소리가 짱짱한, 푸르메 또래의 여자아이였어요.

푸르메는 곧 가람마을의 신전으로 끌려갔어요.
"왜 도둑 사냥을 했느냐?"
화려하게 차려입은 가람마을 제사장이 물었어요.
"큰 물고기를 잡아서 할아버지 약으로 쓰려고요."
제사장은 푸르메를 바라보며 고개를 끄덕였어요.
그리고 제단에 향을 피우고 기도를 한 다음,
푸르메를 끌고 온 여자아이에게 말했어요.
"여울아, 손님에게 밥상을 차려 주어라."

여울이는 푸르메를 들판 끝까지 바래다주었어요.
"여기서부터는 혼자 가도 될 거야. 잘 가."
푸르메는 꾹 눌러 참았던 물음을 던졌어요.
"도둑 사냥을 하다가 잡혔는데, 벌을 주기는커녕
밥도 주고 큰 물고기도 주다니……. 도대체 왜 그런 거야?"
여울이는 웃음을 띤 채 대답했어요.

"어머니께서 귀한 손님이 올 거라며 아침부터 기다리셨거든."
"내가 왜 귀한 손님이야?"
"나도 몰라. 제사장인 어머니가 그렇다면 그런 거야."
푸르메는 고개를 갸웃거리며 돌아서서 산꼭마을로 향했어요.
산 중턱에서 돌아보니, 여울이는 그때까지 그 자리에 서 있었어요.

할아버지는 큰 물고기를 달여서 먹은 뒤, 자리를 털고 일어났어요.
"하늘이 나를 데려가지 않는 걸 보니 아직 할 일이 남았나 보다."
기운을 차린 할아버지는 산꼭대기로 가서 기도를 했어요.
그러고 나서 며칠 후, 마을 사람들을 모아 놓고 이렇게 말했지요.
"동굴을 넓게 파고, 터를 닦아 움집을 더 지어라."
산꼭마을에는 동굴과 집이 넉넉했지만 사람들은 열심히 일했어요.
제사장은 기도나 꿈을 통해 장차 일어날 일을 미리 알고 대비해요.
그래서 마을 사람 누구나 군말 없이 잘 따랐답니다.

몹시 무더운 여름의 끝 무렵이었어요.
"전쟁이다, 전쟁! 가람마을이 쳐들어온다!"
산꼭마을 보초가 고함을 지르며 북을 둥둥 쳤어요.
동굴과 움집에서 사내들이 활과 돌창을 들고 우르르 몰려나왔지요.
푸르메도 놀란 가슴을 달래며 활을 들고 나섰어요.

"저놈들이 왕창 다 몰려오는구나."
"좋다. 한판 붙자. 이번엔 아주 끝장을 보자고!"
마을 입구에 쌓아 놓은 돌무더기에 돌을 보태며
산꼭마을 사람들은 전쟁 준비를 서둘렀어요.

"놀라지 마라. 저들은 적이 아니라 손님이다!"
제사장 할아버지의 말에도 소란은 잦아들지 않았어요.
"전쟁이 아니라면 왜 저렇게 떼를 지어 몰려옵니까?"
"잘 보아라. 아이들과 여자들이 앞장을 서지 않았느냐?"

그제야 사람들은 안도의 한숨을 쉬며 고개를 끄덕였어요.
"저놈들 마을에 전염병이라도 돌고 있나? 대체 뭔 일이지?"
산꼭마을 사람들은 손에 창을 거머쥔 채 눈을 부라렸지만,
푸르메는 맨 앞에 선 여울이를 보자 반가운 마음부터 들었어요.

"어서 오십시오. 부족하지만 머물 곳을 마련했습니다."
산꼭마을 제사장인 할아버지가 정중하게 말했어요.
"곧 큰비가 올 듯하여 급히 나섰는데, 이렇게 반겨 주시니 고맙습니다."
가람마을 제사장은 허리를 깊이 숙여 감사 인사를 했어요.
키우던 짐승과 양식까지 싸 들고 온 가람마을 사람들은
산꼭마을에서 마련한 움집과 동굴에 부려 놓고 편히 쉬었어요.

다음 날부터 무섭게 비가 내리기 시작했어요.
하늘에 큰 구멍이라도 생긴 듯 하루 종일 비가 그치지 않았어요.
사흘이 지나자, 가람마을 사람들은 발을 동동 굴렀어요.
붉은 물마에 마을과 신전이 잠겨 가고 있었거든요.
비는 사흘이나 더 내렸어요. 산기슭까지 물에 잠겨 버렸지요.
그 물이 다 빠지기까지는 한 달이 넘게 걸렸답니다.

"가람마을을 다시 세울 수 있도록 우리가 도와주자."
제사장 할아버지의 말에 모두들 순순히 따랐어요.
두 마을 사람들은 서로 도우며 열심히 일했어요.
움집과 우리를 새로 지은 다음 밭도 가꾸었지요.
푸르메는 신전 짓는 일에 앞장섰어요.
여울이도 환한 웃음을 머금고 일손을 거들었지요.
그러는 사이, 산에는 울긋불긋 단풍이 들기 시작했어요.

단풍이 질 무렵, 슬픈 소식이 날아들었어요.
산꼭마을의 제사장 할아버지가 숨을 거둔 거예요.
"산꼭마을과 가람마을은 다투지 말고 하나가 되어라.
그 약속으로 푸르메와 여울이는 가시버시가 되도록 하라.
그리하면 훗날 반드시 큰 나라가 될 것이다."
제사장 할아버지의 마지막 당부였어요.
"좋은 일을 많이 하신 제사장 어른은 하늘로 돌아가셨고,
우리 두 마을은 이제 하나가 되었으니 큰 잔치를 벌입시다!"
가람마을 제사장의 말에 모두들 좋아라 하며 따랐어요.

핑매바위로 고인돌을 만드는 작업이 시작되었어요.
먼저 무덤방을 만들어서 제사장 할아버지를 고이 모셨어요.
그리고 다 같이 핑매바위를 묶은 줄에 매달렸지요.
"영차, 영차! 영치기, 영차!"
바위 위에 올라탄 여울이와 푸르메가 북을 둥둥 쳤어요.
그 장단에 맞춰서 두 마을 사람들이 온 힘을 모으자,
커다란 핑매바위가 천천히 움직이기 시작했어요.

"영차, 영차! 영치기, 영차!"
아이들까지 손뼉을 치면서 힘을 보태자,
핑매바위가 통나무 위로 미끄러지듯 내려왔어요.

제사장 할아버지의 소원대로 고인돌이 완성되었어요.
곧이어 핑매바위 고인돌 위에 제사상이 정성껏 차려졌지요.
제사장이 하늘을 향해 큰 소리로 아뢰었어요.

"산꼭마을과 가람마을이 합해 산가람마을이 되었으니
하늘이시여, 장차 우리 마을이 큰 나라가 되게 해 주십시오!"
제사장이 먼저 절을 하자, 모두들 따라서 절을 했어요.
그때 하늘에서 축하라도 해 주는 듯 함박눈이 펑펑 내렸답니다.

고인돌 더 알아보기

고인돌은 인류가 남긴 가장 오래된 유산이에요. 고인돌을 통해 인류가 무리 지어 공동체 생활을 했다는 걸 알 수 있지요. 그러니까 고인돌은 문자로 역사를 기록하기 이전인 선사 시대를 알게 해 주는 타임캡슐이나 마찬가지예요.
자, 그러면 신비한 고인돌에 대해 자세히 알아볼까요?

안녕~, 친구들!

안녕, 고인돌아. 반가워~!

우린 단군 신화에 나오는 곰과 호랑이야.

우리나라는 고인돌 왕국

세계에는 약 6만여 개의 고인돌이 있대요. 그런데 놀랍게도 우리나라에만 약 60퍼센트인 4만여 개가 있어요. 그중에서 약 3만 개는 남한에 있는데, 전라도에만 2만여 개가 있답니다. 고조선 땅이었던 중국 동북 지방의 고인돌까지 합치면, 우리 민족이 만든 고인돌이 전 세계 고인돌의 70퍼센트쯤 될 거예요. 그만큼 우리 민족의 역사가 오래되었고, 문화 수준이 높았다는 걸 증명하는 셈이지요.

우리나라는 수천 년 동안 좁은 땅에서 농사를 짓고 살았기 때문에, 논밭을 일구느라 수많은 고인돌이 없어졌을 거예요. 그런데도 이렇게 많이 남아 있으니 정말로 놀라운 일이지요. 게다가 우리나라 고인돌은 덩치도 큰 데다 모양도 무척 다양하답니다!

> 그럼 고인돌 왕국으로 여행을 떠나 볼까요?

고인돌의 친구들

고인돌은 한자로 지석묘(支石墓)라고 해요. 영어로는 돌멘(Dolmen)이라고 하는데, '돌'이 들어간 우리말과 비슷한 느낌이지요?

대부분 고인돌은 신석기 시대(1만 2,000년~4,500년 전)와 청동기 시대(4,500년~2,000년 전)에 만들어진 무덤이에요. 아마도 보통 사람이 아닌 제사장이나 족장의 무덤일 거예요. 고인돌에서 당시 제사장들이 지녔던 칼이나 장신구가 발견되거든요. 우리나라에서도 신석기 시대 유물인 빗살무늬토기와 고조선의 청동기 시대 유물인 비파형 동검이 나오는 경우가 많답니다.

아주 큰 고인돌은 하늘이나 부족신에게 제사를 지내던 제단으로 사용했을 거예요. 간혹 전쟁에서 승리한 기념물이나 부족을 통합한 상징물로 만들기도 했대요.

　남한의 고인돌은 주로 3,000년에서 2,000년 전 것인데, 북한에서는 4~5천 년 된 것도 종종 발견된다고 해요. 이때는 고조선이 건국된 뒤니까, 큰 고인돌이 있는 곳은 부족 국가와 같은 정치 체제를 갖춘 곳일 가능성이 크지요.

　고인돌과 같이 발견되는 친구로는 주로 마을 입구에 표식으로 세운 선돌이 있고요, 짐승 모양을 한 벅수나 돌하르방도 있어요. 고인돌은 마을에서 멀지 않은 곳에 세워졌기 때문에, 근처에서 당시의 집터가 발견되기도 한답니다.

고인돌의 구조와 껴묻거리

고인돌은 크게 세 가지 모양이 있어요.

첫째는 탁자 모양으로 만든 '탁자식'이에요. 주로 북쪽 지역에 많아서 북방식이라고도 해요. 탁자식은 먼저 기둥을 세운 다음 무덤방을 만들고 나서 얇고 평평한 덮개돌을 올려 완성해요. 큰 건 주로 제단으로 사용했어요.

둘째는 '바둑판식'이에요. 땅 밑에 무덤방을 만든 다음, 굄돌을 4~8개 정도 받친 후 큰 덮개돌을 올리는 거죠. 이때 덮개돌은 두껍고 무거운 걸 사용하는데, 큰 건 역시 무덤이 아니라 제단으로 사용했을 거예요.

셋째는 '덮개식'이에요. 땅 밑에 무덤방을 만들고, 굄돌 없이 큰 덮개돌을 올리는 거예요. 가장 만들기 쉽고 흔한 것인데, 주로 무덤으로 사용했을 거예요.

무덤방을 발굴하면 사람 뼈가 나오기도 하는데, 이때 함께 묻은 장신구도 발견되곤 해요. 돌칼이나 거울, 방울, 동검이 나오는 건 제사장이나 족장의 무덤이에요. 토기나 화살촉, 귀고리, 팔찌 같은 것들이 나오는 고인돌은 지배층이나 무사 계급의 무덤일 거예요.

무덤에 함께 묻은 물건들을 '껴묻거리'라고 하는데, 이를 통해 무덤 주인의 신분이나 당시 사회 풍습을 짐작할 수 있답니다. 그래서 고인돌에게 타임캡슐이라는 별명을 붙인 거예요.

고인돌 만들기

고인돌의 크기가 클수록 그걸 만든 부족의 힘이 세다는 걸 알 수 있어요. 그러니까 고인돌은 부족의 힘과 지혜를 모아 만든 자랑거리였던 셈이에요. 그런데 대체 수십 톤에서 수백 톤이나 되는 큰 돌을 어떻게 굄돌 위에 올릴 수 있었을까요? 크레인이나 기중기도 없는데 말이죠. 그럼 고인돌 만드는 순서와 기술을 통해 그 비밀을 알아내 보아요.

① 터 잡기
먼저 고인돌을 세울 장소를 골라요.

② 기둥 세우기

③ 굄돌 고이기

④ 흙으로 굄돌과 기둥을 덮기

⑤ 덮개돌 구하기
채석장에서 떼어 낸 적당한 돌을 골라서 다듬어요.

⑥ 덮개돌 옮기기
통나무를 바닥에 깐 다음, 바퀴처럼 이용해서 옮겨요.

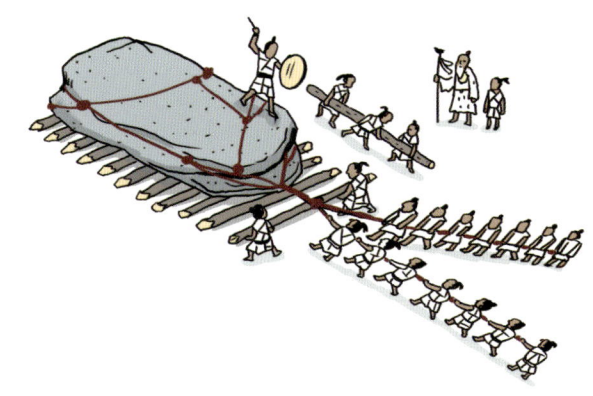

⑦ 덮개돌을 기둥 위로 올려 균형 맞추기

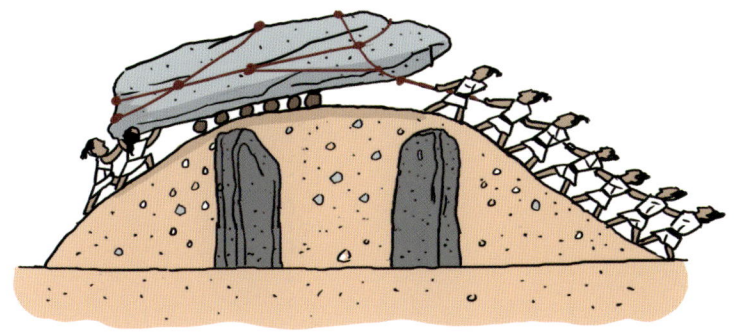

⑧ 흙 없애기

⑨ 막음돌로 무덤방 만들기

⑩ 완성

세계의 고인돌과 거석문화

고인돌은 세계 곳곳에 퍼져 있는데, 대부분 농사를 짓는 지역이에요. 농사를 지어야 사람들이 많이 모이고 오래 머물러 큰 공동체를 이룰 수 있거든요. 외국의 고인돌은 우리나라의 고인돌과 좀 달라요. 우리 고인돌은 대부분 개인의 것인데, 유럽의 고인돌은 공동 무덤인 경우가 많아요.

우리 고인돌이 단독 주택이라면 유럽의 고인돌은 공동 주택이랑 비슷해요. 그래서 우리나라에 고인돌이 더 많은지도 몰라요.

고인돌에서 시작된 거석문화가 더 발전하여 적석총 같은 왕릉이 만들어졌어요. 또 거대한 이집트의 피라미드나 캄보디아의 앙코르 와트, 멕시코의 테오티우아칸 같은 석조 문화재에도 큰 영향을 주었지요.

이집트 대(大)피라미드　　캄보디아 바욘 사원　　멕시코 태양 신전

고인돌과 비슷한 친구들이 세계에도 있답니다. 프랑스의 환상 열석과 영국의 스톤헨지가 유명한데, 아마도 신전이나 제단으로 사용했을 거예요. 신이나 태양을 향해 제사 지내는 용도로 보이거든요.

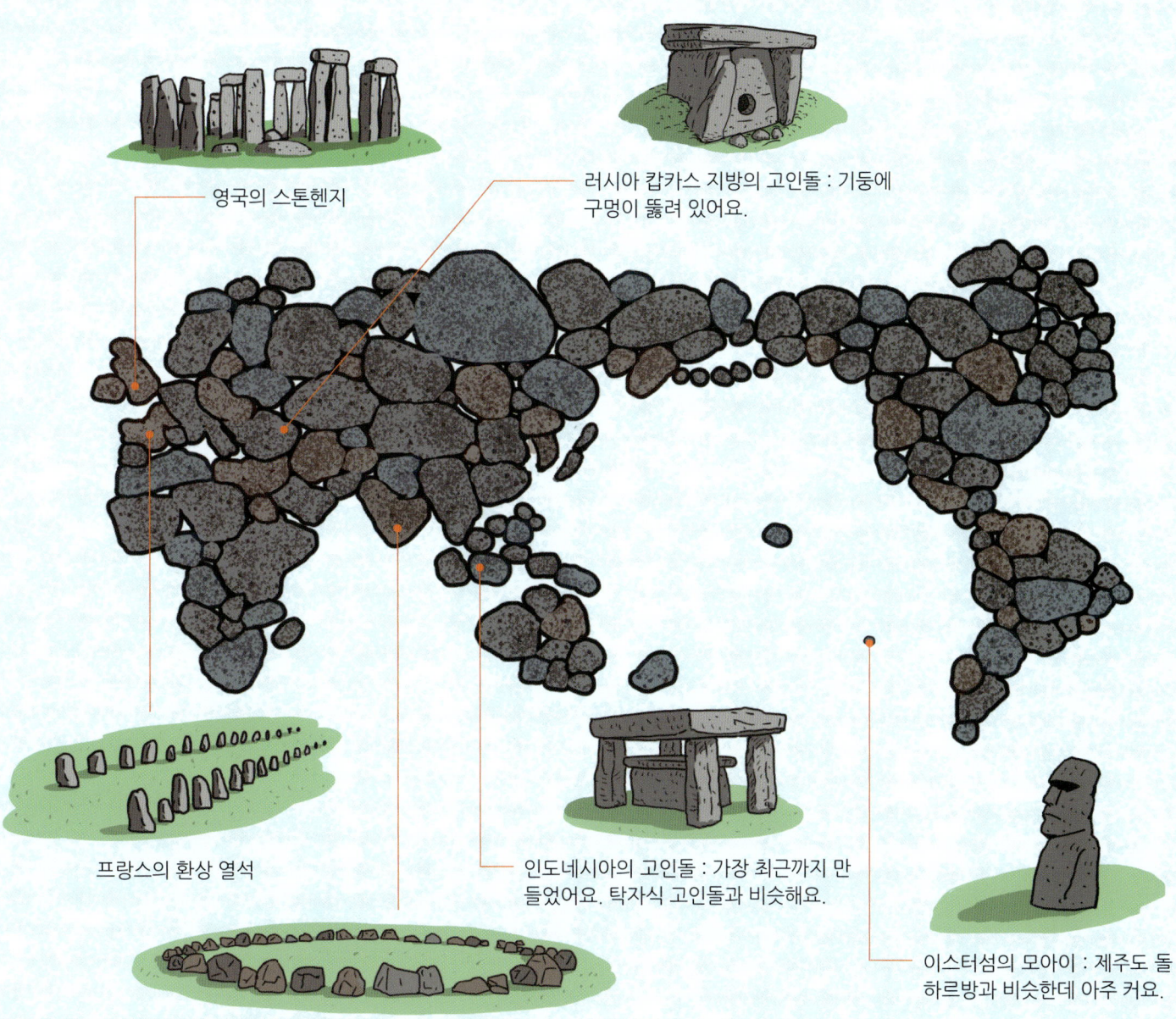

 개성 넘치는 우리나라 고인돌

우리나라에는 고인돌이 많은 만큼 특별한 고인돌도 찾아볼 수 있어요. 전남 여수 오림동 고인돌에는 돌칼이 그려져 있고, 충북 괴산 칠성면에는 북두칠성이 새겨진 고인돌이 있답니다. 경남 함안 도항리의 고인돌에는 260개에 이르는 별자리와 동심원이 새겨져 있는데, 은하계를 표시한 듯해요.

선사 시대 사람들도 우주와 별자리를 관측하며 상상력을 키웠다는 걸 알 수 있죠.

우리나라의 대표적인 고인돌 유적지

우리나라는 고인돌 왕국답게, 대표적인 고인돌 유적지가 2000년 유네스코 세계 문화유산으로 등록되었답니다. 3대 고인돌 유적지인 강화도, 고창, 화순을 하나로 묶어서 말이에요. 우리나라 고인돌을 세계 최고로 인정해 준 셈이죠.

강화 고인돌
강화도 곳곳에 150개 정도가 있어요. 주로 탁자식이 많은데, 제단용으로 만들었을 걸로 추측해요. 고조선 시대, 단군이 하늘에 제사를 지내던 마니산 참성단이 있어서 강화도는 아주 중요한 곳이었을 거예요. 개천절 즈음에 고인돌 축제가 열린답니다.

고창 고인돌

고창에는 매우 다양한 형태의 고인돌이 무려 2천여 개나 있어요. 고창의 고인돌은 100톤이 넘는 것도 많은데, 탁자식과 바둑판식을 합친 모양도 있답니다. 해마다 음력 9월 9일 즈음에 고인돌 축제가 열려요.

화순 고인돌

화순 고인돌은 가장 늦은 1995년에 발견되었어요. 주로 바둑판식인데, 엄청난 덩치를 자랑하지요. 대표적 고인돌인 괴바위, 관청바위, 핑매바위 모두 200톤이 넘어요. 핑매바위는 무려 280톤이랍니다!
근처에서 돌을 구한 채석장이 발견되어서 고인돌을 만드는 과정까지 잘 알 수 있어요. 매년 4월 마지막 주에 고인돌 축제가 열린답니다.

작가의 말

평화와 문화의 빛나는 상징, 고인돌

우리나라는 어쩌다 고인돌 왕국이 되었을까요? 세계 지도를 놓고 보면 우리나라는 아시아 대륙의 동쪽 끝, 섬처럼 생긴 반도에 있어요. 아주 오래전 옛날 사람들이 살기 좋은 곳을 찾아 떠날 때, 태양이 솟는 끝까지 찾아와 뿌리를 내린 곳이죠.

그 후 세계는 잦은 변화에 시달렸어요. 여러 민족이 서로 다투기도 하고, 섞이기도 했지요. 그런 과정에서 많은 전쟁이 일어났을 테고요. 말을 타게 되고, 배나 수레 같은 운송 수단이 생기면서 전쟁과 변화는 더 심해졌겠지요.

그럴 때에도 한반도는 오래도록 평화롭게 고인돌을 만들며 살아서 고인돌이 많은가 봐요. 멀리 떨어진 섬 같은 곳이라 전쟁과 변화가 적었던 거죠. 그러니까 고대의 풍습을 간직한 고인돌은 평화의 상징인 셈이에요!

전라도 화순에 가면 세계에서 제일 크고 무거운 고인돌이 있어요. 바로 이 책의 주인공인 핑매바위죠. 이렇게 무거운 바위를 옮기기 위해서는 많은 사람들이 힘을 모아야만 했을 거예요. 건축 기술 역시 당시로서는 최첨단이었을 테고요.

또 누군가는 통나무를 다듬고, 누군가는 돌을 떼어 내고, 누군가는 일하는 사람들을 위해 밥을 지었을 거예요. 그런 뜻에서 고인돌은 옛날 사람들의 과학과 문화, 생활을 전부 담고 있는 타임캡슐이기도 해요!

아, 이 멋진 고인돌이 담고 있는 게 한 가지 더 있답니다. 바로 '상상력'이에요. 자, 이쯤에서 고인돌을 직접 만나러 가 보는 건 어떨까요? 푸르메랑 여울이랑 더불어 한나절 신나게 뛰놀 수 있을 테니!

2020년 봄, '월악산 동화의 집'에서

박윤규